coleção fábula

PIERRE JUDET DE LA COMBE
AQUILES OU ULISSES?

TRADUÇÃO
CECÍLIA CISCATO

editora■34

AQUILES OU ULISSES?

CONFERÊNCIA PRONUNCIADA EM 11 DE MARÇO DE 2017
NO TEATRO DE MONTREUIL, NOS ARREDORES DE PARIS,
E SEGUIDA DE UMA SESSÃO DE PERGUNTAS E RESPOSTAS.

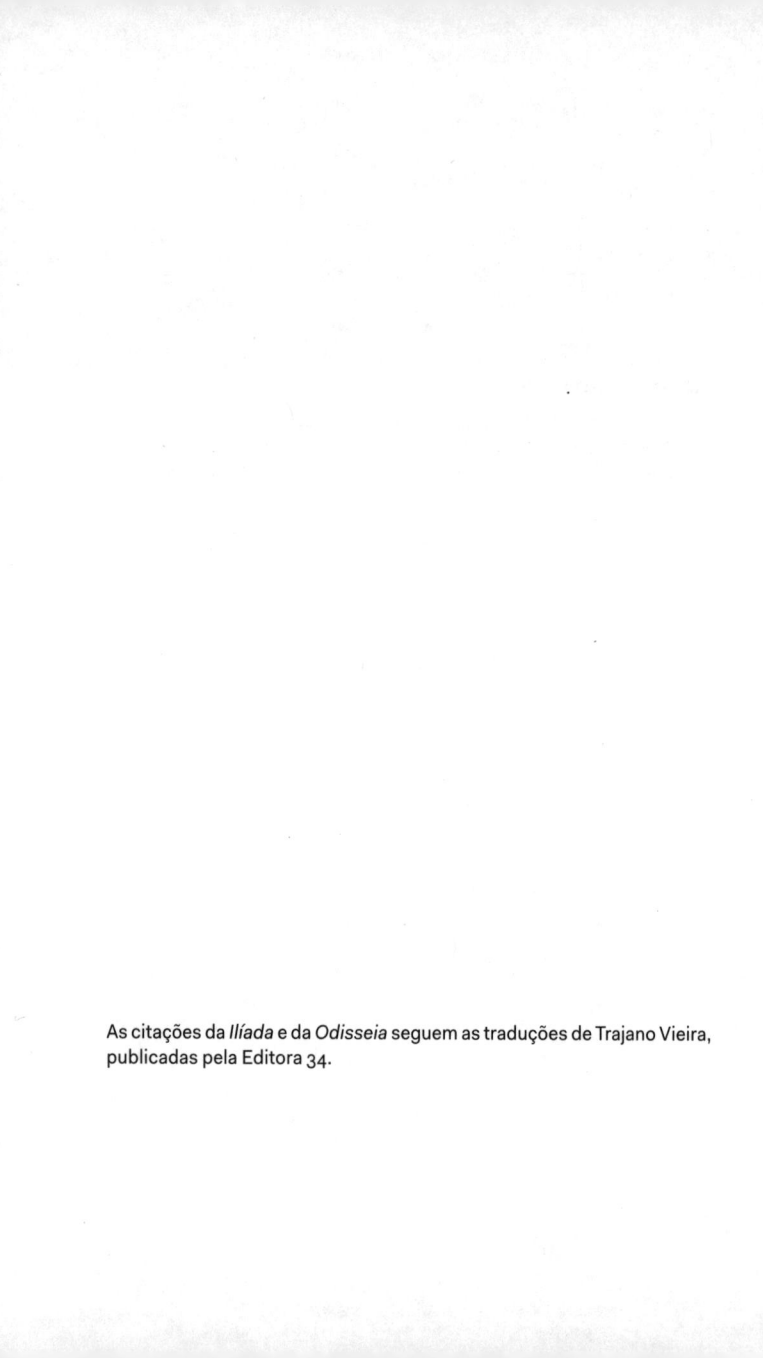

As citações da *Ilíada* e da *Odisseia* seguem as traduções de Trajano Vieira, publicadas pela Editora 34.

Tenho a sorte extraordinária de exercer a profissão de helenista — ou de filólogo, como também se diz. Isso significa que vivo dia a dia rodeado de textos gregos apaixonantes e difíceis, que tento interpretar sozinho ou, principalmente, em seminários com estudantes, colegas de trabalho e amigos. Tento também traduzi-los, porque são tamanhas obras-primas, tamanhos tesouros, que temos a obrigação de fazê-los circular para mostrar como estão vivos, que não são apenas documentos antigos e arcaicos, mas textos que nos dizem diretamente respeito. Não é fácil, pois Aquiles e Ulisses não são pessoas que possamos encontrar por aí. Ainda bem, aliás! Nós não vivemos no mesmo mundo. E aqueles que relataram suas histórias não somente morreram há muito tempo, como tinham uma ideia de poesia e de narrativa muito diferente daquela que hoje lemos nos livros ou vemos no cinema. É preciso, então, fazer uma viagem para muito longe, deixar-se levar por esses mundos muito estranhos, onde encontramos seres — Aquiles, Ulisses, Heitor, Penélope, Circe, Calipso — que são, antes de tudo, seres de linguagem, feitos de palavras. Gostaria hoje de devolver-lhes um pouco de sua carne e de seu sangue, a fim de mostrar a que ponto eles podem nos tocar. Deixarei que vocês escolham entre Aquiles e Ulisses, seres muito diferentes, embora complementares. Pensando bem, talvez nem seja preciso escolher.

Aquiles é um herói magnífico, grandioso e extremamente violento. Sinto muito, mas vamos falar de coisas que não são corretas, pois Aquiles é, antes de mais nada, um guerreiro assassino, de vida breve, brutal e infeliz. Ele era o filho da deusa dos mares, Tétis, que vivia no fundo das águas, longe dos outros deuses. Ela tivera de se casar com um mortal, Peleu, para ter seu filho Aquiles. Por que um casamento desigual? Porque um oráculo havia predito que o filho dela seria mais forte que o pai. Algo que acontece muito: as gerações se sucedem e o filho deve expulsar o pai. (É melhor que os pais aqui nesta sala se comportem)! No entanto, os deuses desejavam se unir a Tétis, tamanha era sua beleza, principalmente Zeus, o deus soberano, e Posêidon, o deus dos mares. Mas quando souberam que o filho que teriam com essa deusa seria mais forte do que eles mesmos, ficaram receosos e obrigaram Tétis a se casar com um mortal. Peleu era um herói, um homem grandioso, mas não passava de um mortal. Tétis lutou contra ele, não queria se unir a Peleu; acontece que, sendo os gregos bastante machistas e violentos no que diz respeito às relações amorosas, ele a forçou. As núpcias de Tétis e Peleu aconteceram. Aquiles nasceu.

E, como já era de se esperar, ele era mais forte que Peleu, mas poderia ter sido mais forte que Zeus se tivesse sido seu filho. Esse homem não se parece a nenhum outro que conhecemos: ele é mortal e morrerá logo, muito jovem, após realizar grandes feitos; mas há algo de divino nele, algo de resplandecente. Fala-se muito do "iluminado Aquiles", do "divino Aquiles" para colocá-lo acima de todos os outros homens.

Ulisses é diferente. Seu nascimento é duvidoso: segundo as más-línguas, ele seria filho de um pai ladrão, Sísifo. Ulisses é dissimulado, engana as pessoas a seu redor, sabe trapacear e encontra sempre uma saída para as dificuldades. Quando foi aprisionado em uma caverna por uma criatura que queria devorá-lo, o ciclope Polifemo, Ulisses soube encontrar um meio de enganá-lo com vinho e com a linguagem — e também com violência, ao cegá-lo.

Assim, Aquiles é um herói divino e vitorioso, que representa a força, mas que deve morrer muito rápido. Ele é como um facho de luz, um fogo de artifício, um homem muito bonito. Ele é cruel, violento, mas muito sentimental e cativante, apesar de tudo. Ulisses, ao contrário, é aquele que sobrevive, que sempre se esquiva achando saídas por meio de sua astúcia, o que no final das contas lhe permitirá viver longamente em sua casa com sua esposa Penélope, na sua ilha de Ítaca. Essa ilha é muito pobre, mas Ulisses será feliz ali, com seu rebanho, família e amigos. Assim sendo, nós não podemos ser ao mesmo tempo Aquiles e Ulisses. Os dois heróis são antitéticos: a força ativa, violenta, os prantos e a tristeza para Aquiles; a astúcia, os infortúnios, a vitória e, sobretudo, o riso e a sobrevivência para Ulisses. Em torno dessas duas grandes figuras, os gregos construíram um mundo de heróis, que às vezes chamavam de semideuses — uma espécie humana mais forte que nós, hoje desaparecida.

Eles são heróis de lendas que chamamos de mitos, mas também personagens de grandes poemas gregos, os primeiros da literatura ocidental conhecida, mesmo que já existisse há muito tempo uma longa tradição poética na Grécia, assim como na Ásia. Esses dois grandes poemas, a *Ilíada* para Aquiles e a *Odisseia* para Ulisses (que se chama *Odusseus* em grego, *Odisseu* em português), foram compostos por Homero no século VIII a.C. Homero é um mistério, não se sabe se ele realmente existiu, embora os gregos antigos tenham dito muitas coisas sobre ele, principalmente o fato de ser cego. Um amigo me contou que seu professor de escola costumava dizer em suas aulas: "Não é certo que Homero tenha existido, mas o que é certo é que ele era cego". Na realidade, nada é certo. Homero é um mito. Para os antigos, ora ele era cego, ora não; ora era filho de Apolo e de uma Musa, ora era filho de uma moça que fora abusada por um homem que fugiu. Ele pode ser tudo ao mesmo tempo. Homero é tudo aquilo que um mortal pode ser. Para nós, é um ser lendário, mas para os gregos antigos, não havia qualquer dúvida sobre sua existência.

O nome próprio "Homero" é fascinante, e é possível interpretá-lo. *Homêros* é composto por duas partes: *Hom-*, como em "homogêneo", designa aquilo que é semelhante, aquilo que combina; *-êros* pertence à mesma raiz de "articulação" ou "artrose" e "artrite", referências compreensíveis para pessoas da minha idade. Homero é, portanto, "aquele que sabe juntar". Não aquele que criou as coisas — Aquiles, Ulisses, a linguagem poética —, mas aquele que reuniu os versos, as histórias, tudo o que foi contado sobre esses heróis para fazer disso um poema novo, algo capaz de nos tocar de muito perto. Sua arte é a arte da composição, da montagem. Os gregos antigos opuseram a Homero um rival, Hesíodo, que na verdade viveu uma geração depois dele. Ele escreveu poemas curtos, em geral sobre os deuses, nos quais pretendia proferir a verdade. Contava histórias dos deuses para explicar como compreender e viver a religião, a política e o trabalho. A título de comparação, Hesíodo seria um pouco como um profeta da Bíblia, aquele que nos diz o que é Deus e como louvá-lo, como viver dia após dia. Em grego, *Hêsiodos* significa "aquele que envia sua voz", aquele que extrai de si mesmo sua voz para cantar a verdade. Homero, ao contrário, é aquele que reúne, que constrói seu poema a partir de tudo aquilo que foi dito antes dele. Hesíodo acha possível dizer o que é a verdade, e terá os filósofos como seus sucessores.

As pessoas da nossa época tendem a pensar que Homero nunca existiu. Quando um editor me pediu para escrever uma biografia de Homero — o que, aliás, acabo de fazer —, no início eu fiquei desamparado: "O senhor sabe, é complicado, pois Homero é provavelmente uma ficção". Mas ele me respondeu: "Problema seu". Então, reuni tudo aquilo que os gregos antigos haviam dito sobre Homero para reconstruir o mito do autor original. Homero ficou cego após ter viajado muito. Ele viu o mundo, esteve lá aonde foi Ulisses e onde viveu Aquiles. Depois ficou cego. Mas o que significa ficar cego? Não é simplesmente perder a visão. Significa que ele entrou no universo da linguagem: havia para ele somente as palavras, que nós não vemos, que são invisíveis, que só podemos ouvir. E são elas que dão acesso ao invisível. Por que ele entrou no universo da poesia, das palavras que nós não vemos? A poesia não é cinema ou teatro. Na poesia, nós não vemos nada, alguém conta e canta. Ele entrou na poesia, que é cega: Ulisses e Aquiles são o passado invisível. Nós jamais os veremos, nunca conheceremos o mundo deles. Podemos nos tomar por Ulisses, podemos imaginar que somos um herói, mas nunca seremos tão fortes quanto Aquiles, nem tão sagazes quanto Ulisses. Aquele mundo desapareceu, mas permanece interessante, vivo, pois ele mostra coisas extraordinariamente grandes, belas, como jamais nós, mortais, poderíamos ver. Entramos num mistério, num mundo desconhecido que pode ser contado em detalhes, onde se pode dar voz aos grandes heróis do passado e também aos deuses; um mundo onde se pode assistir a suas conversas no Olimpo, suas hesitações e decisões, o que é impossível na vida normal. Ao entrar nos poemas da *Ilíada* e da *Odisseia*, concordamos em navegar para muito longe. Precisamos nos dispor a acompanhar um cego para entrever um mundo invisível. Isso é difícil de imaginar, pois somos muito presos à imagem, às telas. Para entrar nesses poemas, é necessário sonhar com as palavras. Segundo os gregos antigos, a poesia vinha de divindades chamadas Musas, filhas de Zeus e de Mnemosine. Elas cantam para inspirar e dar ideias. No entanto, as Musas são recobertas pela noite, não podemos vê-las. Na conferência de hoje, eu gostaria de contar a viagem que fiz por esses dois poemas na companhia de Aquiles e Ulisses.

Primeira pergunta: por que os gregos antigos gostavam tanto desses poemas? Por que eles não se cansavam de reescutá-los? Em geral, eles os ouviam em banquetes nos quais bebiam e comiam — ou, originalmente, em cerimônias religiosas para um deus: para Apolo, o deus da luz, para Posêidon, o deus do mar, e para Atena, a deusa da cidade de Atenas. Durante essas grandes cerimônias, verdadeiros festivais que recebiam multidões, esses longos poemas eram recitados na íntegra. Eram necessários três dias para a *Ilíada* e três dias para a *Odisseia*.

Por que gostavam de ouvir poemas que contavam histórias de guerras, de massacres e de violência? A *Ilíada* é um poema muito sangrento. Quando traduzo as cenas de combate, que são bastante longas, costumo ficar cansado diante de tanta violência e crueldade extremas. Aquela sociedade brigava muito, os gregos estavam quase sempre em guerra. A *Odisseia* conta muitos infortúnios e massacres. Porém, a poesia sabe fazer as duas coisas: contar essas violências, expor as dores da guerra — que os gregos conheciam tão bem —, respeitá-las, restituí-las e, ao mesmo tempo, por meio da beleza do canto, da língua e dos versos, mantê-las à distância, sair do fascínio e da tristeza que elas suscitam para que o público se sinta livre, domine suas emoções, mesmo as mais pungentes e duras, e possa compreendê-las, domá-las, viver com elas.

Gostaria agora de comentar com vocês uma passagem curta da *Odisseia* que explica tudo isso. Ulisses, após um naufrágio provocado por Posêidon, que estava furioso por Ulisses ter cegado seu filho, o ciclope, é recebido na bela e amena ilha de Nausícaa. Ulisses está em um palácio e, durante um festim, um poeta local canta diante dele toda a glória do nosso herói, sem saber quem ele era: sua história era famosa. Em que consiste a glória de Ulisses? Ele participara da guerra de Troia, um conflito gigantesco, mundial, que opôs todos os gregos de um lado e todos os povos da Ásia de outro. Por quê? Um jovem, diga-se de passagem que muito bonito, Páris, tivera de optar entre três deusas que vieram lhe perguntar quem era a mais bela: a deusa do amor, Afrodite (Vênus para os romanos), a deusa soberana, Hera (ou Juno, em latim), ou a deusa Atena (Minerva). Ele escolhera, evidentemente, a deusa do amor, que havia lhe prometido a mulher mais bela do mundo, Helena, filha de Zeus, que vivia na Grécia e era casada. Páris foi para a Grécia, onde foi recebido por Menelau, marido de Helena. Páris esperou até que ele fosse viajar para seduzir Helena. Mas teria ela consentido? Eis uma questão que os antigos debatem infinitamente. Depois, Páris e Helena foram embora juntos. Os gregos, nada contentes, fizeram a guerra para recuperar Helena. Essa guerra durou dez anos e dizem que terminou graças a uma estratégia pensada por Ulisses. Como os gregos não conseguiam tomar a cidade de Troia, onde estavam Páris e Helena, Ulisses mandou construir um cavalo de madeira, o cavalo de Troia. O artesão que o construiu se chamava Epeu, cujo nome lembra "epopeia". O cavalo de Troia é, portanto, como o poema de Homero. A maioria dos gregos fingiu estar fugindo em seus barcos, mas alguns entraram no cavalo de madeira posicionado diante da cidade dos troianos, que pensavam que a guerra havia enfim terminado e que os gregos lhes haviam deixado de presente aquele cavalo magnífico. Eles o fizeram entrar na cidade e provocaram o horror absoluto. Antes, porém, os troianos comemoraram durante um dia todo, e somente à noite os gregos saíram do cavalo e tomaram Troia, massacrando seus habitantes, levando as mulheres como escravas e até mesmo injuriando os deuses. Não vou contar a vocês os detalhes da tomada da cidade, pois seria duro e violento demais. É curioso que os gregos tenham conferido a si mesmos, como mito fundador, como enredo original, esse ato de violência horrível que chocava até mesmo a eles próprios: sabiam refletir, questionar seus heróis e suas formas de fazer guerra.

Ulisses é, portanto, aquele que pôs fim à guerra de Troia com uma vitória total. Ele é o grande herói, de certa maneira ainda maior que Aquiles, uma vez que tornou possível a queda de Troia. Ele chegou lá com a ajuda dos deuses e, especialmente, de Atena, o que não reduz em nada sua glória: os deuses o escolheram, o elegeram. Ulisses realizou o ato mais grandioso que um homem pode realizar, isto é, tomar a cidade sagrada de Troia. Em seguida, ele teve de voltar para casa. Aqui começa a *Odisseia*, a longa história de seu retorno. No curso de uma viagem turbulenta, Ulisses naufraga e aporta em uma ilha prodigiosa, a ilha de Nausícaa. Lá, onde é recebido e festejado antes mesmo de dizer seu nome, um poeta cego (como Homero) canta no palácio real a sua glória e o cavalo de Troia. Como Ulisses é o único que chora ao ouvir a narrativa de seu feito, ao passo que todos os outros ouvintes estão encantados com o poema, o pai de Nausícaa, o rei Alcínoo, pede a ele que diga quem ele é e que conte sua história. Ulisses acata. Agora vou ler para vocês alguns versos para mostrar a que ponto essas histórias terríveis podem, na verdade, ser uma enorme fonte de prazer aos gregos. Temos que imaginar que essas histórias violentas escondem uma real felicidade, porque aconteceram com terceiros, não conosco, e sobretudo porque graças a elas nós podemos nos projetar e nos imaginar altos, fortes, maravilhosos como Ulisses ou Aquiles, e em relação direta com os deuses. O que Ulisses diz?

> Alcínoo insigne, magno soberano, é belo
> ouvir cantor da magnitude do aqui
> presente, ícone de um deus no tom de voz.
> Permito-me dizer não existir prazer
> maior que ver o júbilo tomando conta
> das gentes, os convivas escutando o bardo
> na sala, cada qual na própria sédia, a mesa
> plena de pães e viandas, o escanção vertendo
> o vinho da cratera sobre a taça: nada
> se me afigura à ânima tão deleitável!
> (*Odisseia* IX, 2-11)

Ouvir um poeta que canta a *Ilíada* ou a *Odisseia* é o auge da felicidade, que nos afasta de todas as preocupações da vida cotidiana, do trabalho, da política, das lutas e dos conflitos. Ao ouvi-lo, temos acesso a esse mundo maravilhoso onde os homens são quase divinos, maiores e mais gloriosos do que jamais seremos. Mais infelizes também, mas pelo menos o infortúnio deles é grandioso e tem um sentido, já que os deuses assim o quiseram.

Aquiles é, antes de tudo, o herói tomado de ira, e veremos por que ele tem todas as razões para ficar com raiva. Sua ira é um evento gigantesco, que destrói tudo. Até os deuses se perturbam com ela. Este homem que poderia ter sido mais forte do que Zeus possui algo fora do comum. Vou ler para vocês o começo da *Ilíada*, quando o poeta anuncia a seu público aquilo que vai contar, a história de Aquiles que ele chama de "a ira de Aquiles". Ela é o tema desse longo poema de dezesseis mil versos.

> A fúria, deusa, canta, do Pelida Aquiles,
> fúria funesta responsável por inúmeras
> dores aos dânaos, arrojando magnas ânimas
> de heróis ao Hades, pasto de matilha e aves.
> O plano do Cronida se cumpria, desde
> o momento em que a lide afasta o Atrida, líder
> do exército, de Aquiles.
> (*Ilíada* I, 1-7)

Uma briga divide os gregos. Há nove anos, eles estão diante de Troia para tentar tomar a cidade. O filho de Atreu é Agamêmnon, o rei de todos os gregos. Diante dele se ergue o divino Aquiles. Sua ira será uma desgraça para todos. O poeta que se prepara para cantar a ira de Aquiles ao longo de vinte e quatro cantos afirma logo de partida que ela é repugnante, usando uma palavra muito brutal: "essa carniça". Esse termo é difícil de traduzir, pois em grego (*oulomenên*) ele quer dizer "isto que eu amaldiçoo", "isto que eu voto à morte", "isto que eu mando à morte". Não há uma palavra equivalente na nossa língua. Se vocês tiverem uma outra ideia de como traduzi-la, sou todo ouvidos. O poeta insulta seu tema antes mesmo de cantá-lo. A ira de Aquiles é um desastre absoluto, pois resulta em milhares de mortos deixados pelos campos de batalha sem sepultura, sendo comidos pelos pássaros e cães, o que é de extrema crueldade. Supreendentemente, o poeta ainda acrescenta que assim se realizava a decisão de Zeus ("O plano do Cronida se cumpria", *Ilíada* ı, 5). A *Ilíada* começa com esse imenso paradoxo. Se fosse música, diríamos uma dissonância. O deus soberano, Zeus, que em geral rege a vida dos homens, o bem-estar deles, a ordem na sociedade, e que zela, portanto, pelo respeito à piedade, permitiu essa coisa terrível e malvada. Por quê? É um mistério, e será preciso escutar o poema todo para entrever uma resposta. Aquiles não é somente o grande herói maravilhoso com armas tão brilhantes quanto as estrelas ou o sol e dono de uma força descomunal; é também o homem mortal, capaz de criar algo inédito, escandaloso. Ele fez com que o universo onde vivem os homens e os deuses entrasse em crise, pois Zeus, o deus da religião, da ordem, aceitou que essa violência se desencadeasse de forma radical. A *Ilíada* é o poema da ira. Como hoje as pessoas estão iradas e cometem violências de uma crueldade atroz em cidades como Paris, Nice, Manchester, Londres e tantas outras no Oriente Médio, é interessante ler a *Ilíada* para ver como a gente entra nesse estado, o que ele significa e como se pode sair dele. Muitos supostos combatentes talvez devessem ver o que acontece com Aquiles.

Por que Aquiles, esse grande guerreiro, está em estado de ira? Porque os gregos, que não conseguem tomar Troia, conseguiram, apesar de tudo, ganhar batalhas contra as cidades aliadas aos troianos, tendo trazido delas riquezas e mulheres convertidas em escravas. O exército grego ofereceu a Aquiles uma mulher incrivelmente bela que se tornou sua prisioneira, Briseida. Ao fazer isso, os gregos reconheciam o valor de Aquiles e seu lugar na sociedade. Mas o que acontece? Agamêmnon também tinha ficado com uma prisioneira belíssima, chamada Criseida (a "Dourada"). Ela era esplêndida e, "finos" como os gregos muitas vezes são, ele dizia que ela era mais bela que sua mulher. Ora, essa jovem era a filha de um sacerdote de Apolo, Crises, "o homem de ouro", que habitava a ilha de Crises. Apolo representa o brilho, a luz, o ouro. O sacerdote de Apolo vem ver Agamêmnon e lhe diz que não pode ficar com sua filha. Crises está disposto a pagar um resgate gigantesco para reavê-la. Agamêmnon, o rei dos gregos, recusa e diz que ela continuará a ser sua escrava, que envelhecerá em sua cama e tecerá para ele peças belíssimas. Ele insulta e expulsa o pai da jovem. Horrorizado, Crises vai orar a Apolo, seu deus, que lhe dá ouvidos. Com seu arco e suas flechas, Apolo atira sobre o campo dos gregos, primeiramente nos animais e depois nos guerreiros.

As flechas estão contaminadas com um veneno que causa uma doença mortal e terrível, a peste. Os gregos começam a morrer em massa. Aquiles percebe que algo de grave está acontecendo e convoca todos os gregos para descobrir o que há e tomar uma decisão. Eles consultam o adivinho do exército que, por saber interpretar os sinais, conhece a vontade dos deuses. O adivinho, Calcas, que devia sua arte a Apolo, diz a Agamêmnon que o deus está irado por causa da recusa em devolver a filha do sacerdote. Agamêmnon responde que ele não pode devolvê-la: ela lhe pertence, os guerreiros gregos a ofereceram para ele porque ele é seu rei. Se devolver a jovem, perderá sua honra, sua posição real, ou então será preciso lhe oferecer uma outra jovem. Aquiles retruca, dizendo que Agamêmnon está louco, que não combate nunca, que não merece essas prisioneiras e que deve obedecer ao deus. Agamêmnon aceita devolver Criseida, sob condição de tomar para si a prisioneira de Aquiles, a bela Briseida. Aquiles, por sua vez, fica furioso! Ele quer matar Agamêmnon, porém isso conduziria a sociedade grega à perdição. A deusa Atena, que está com raiva dos troianos e quer a derrota deles porque Páris não a escolhera, desce do Olimpo para deter Aquiles. Ela lhe diz que ele pode ficar furioso e insultar Agamêmnon o quanto quiser, mas que não deve matá-lo, pois Agamêmnon tomará Troia no final da guerra. Obedecendo, Aquiles insulta seu chefe e o trata de "bêbado de vinho". Agamêmnon toma-lhe a prisioneira. Aquiles imediatamente é tomado de ira e abandona o exército. Volta para sua tenda e não luta mais. A partir desse momento, os gregos não ganham mais nenhuma batalha contra os troianos, pois Aquiles, "o melhor dos aqueus" (isto é, dos gregos), se recusa a participar do combate. Aquiles fica irado porque Agamêmnon não reconhece sua linhagem real e o desonra, tratando-o como um zero à esquerda. Então, ele se retira e causa o prolongado desastre dos gregos. O rei dos deuses, Zeus, aceitou que as coisas se passassem assim. Geralmente, ele deveria ter defendido os gregos, que estavam no direito de querer recuperar a bela Helena, aquela que lhes tinha sido roubada. Porém, Zeus aceita que Aquiles não combata e, logo, que os troianos sejam vitoriosos durante algum tempo. A sociedade grega está em crise.

Essa poesia não conta, portanto, somente belas histórias; ela é um meio para entender a vida que vivemos, a vida social com os deuses e os homens. Por causa da ira de Aquiles, os gregos não controlavam mais nada: o mundo dos gregos e o mundo dos deuses desmoronam. Os deuses estavam divididos, alguns apoiavam os gregos, outros, os troianos. Zeus os proíbe de intervir na guerra e estipula que os troianos vençam durante certo período. A ira de Aquiles nos mergulha num mundo que não tem mais nenhum ponto de referência, nenhuma direção, um mundo um pouco à maneira deste em que vivemos atualmente. Aquiles pede à mãe, Tétis, que os deuses o vinguem, e o rei dos deuses, Zeus, aprova esse pedido.

Mas vejam a que ponto Aquiles, orgulhoso e violento, é também um herói que chora, que se deixa abater pela tristeza e pelo sofrimento. Sozinho numa praia, ele chama pela mãe:

> A moça parte a contragosto, enquanto Aquiles
> chora sozinho, longe, copiosamente,
> à beira do oceano cinza, olhar distante.
> Alçando as mãos ao céu, rogava muito à mãe:
> "Porque me destinaste, mãe, à vida breve,
> ao menos Zeus ampliecoante deveria
> me conceder a honra. Nem o pouco obtenho.
> O mega poderoso Atreu me ofende, furta
> o prêmio que era meu e dele goza".
> (*Ilíada* I, 348-356)

Sua mãe, também em pranto, emerge do fundo das águas.

> Por que cuidei de ti, se vives maltratado?
> Se ao menos sem humilhação ou pranto te
> sentasses junto a nau, sujeito à sina breve!
> Agora, além da moira curta, sofres mais
> que os outros. Te gerei para o revés no paço.
> (*Ilíada* I, 414-418)

As histórias dos homens podem comover os deuses, eles não são indiferentes aos nossos infortúnios.

Não somente eles geram mortais como têm os mesmos sentimentos. O que vai acontecer na *Ilíada*? Segue-se uma longa série de derrotas em que os heróis se esforçam para serem os melhores. Os deuses choram diante dos massacres, de um jeito que não estamos habituados a vê-los. Os deuses imortais, as pessoas mais poderosas, devem também aceitar a morte. Os heróis estão muitas vezes aos prantos. Vou ler uma breve passagem na qual, após todas as derrotas dos gregos, o grande amigo de Aquiles, Pátroclo, cujo nome quer dizer "aquele que possui a glória de seu pai", retorna soluçando aos prantos porque os gregos estão morrendo uns após os outros.

> Pátroclo se postou ao lado do Aquileu,
> vertendo pranto cálido, igual à fonte
> turva que verte água escura pelo íngreme
> rochedo. Ao vê-lo, o Aquileu de pés velozes
> se abate, pronunciando alígeras palavras:
> "Por que pranteias, Pátroclo, igual menina
> que vai atrás da mãe quando deseja colo,
> e agarra sua roupa e a puxa enquanto avança,
> e a mira às lágrimas, até que ela a carregue?
> Choras aos borbotões igual a ela, Pátroclo.
> Tens algo a me dizer, aos mirmidões, a ti
> tão só chegou mensagem de nosso país?"
> (*Ilíada* XVI, 2-13)

Pátroclo responde a Aquiles que ele não pode mais suportar a morte dos gregos e lhe pede para deixá-lo lutar em seu lugar, com as armas do amigo. Aquiles aceita que Pátroclo entre no campo de batalha vestindo a sua armadura para repelir os troianos. No início, Pátroclo se vê vencedor, tendo inclusive matado o filho de Zeus, Sarpedão. Zeus, antes da morte do filho, faz chover uma chuva de sangue. Mas depois, Pátroclo vai longe demais e é morto por Heitor, o grande herói troiano. Aquiles perdeu seu amigo.

Daqui por diante, o poema muda completamente e revela um outro aspecto do herói. Aquiles tem um acesso de choro, de lágrimas, de gritos. Agora, não se trata mais dele ou dos gregos, de Agamêmnon ou de sua honra, mas de vingar seu amigo. Ele se transforma e se torna um herói ao mesmo tempo combatente e aflito, um herói que vive a morte de muito perto. Essas passagens cheias de paixão são de grande poesia. Aquiles, diante de Pátroclo morto em seu lugar, com suas armas, vê-se morto e, na verdade, lamenta sua própria morte. Aquiles é esse ser extraordinário que pode conhecer a maior das glórias e a maior das misérias, isto é, a morte de seu duplo. Ao chorar Pátroclo, Aquiles chora a si mesmo e, por isso, se torna um personagem fascinante, o ser humano que foi até a morte e além dela. Ele extrai da morte de Pátroclo a força para cumprir suas grandes proezas e para vingá-lo. Antes, porém, é preciso que ele passe por essa morte, por esse momento de desastre absoluto, como na peça *O príncipe de Homburg*, de Kleist, na qual o jovem e ardoroso herói deve viver momentos tenebrosos para se tornar aquele que virá a ser. Não basta ser filho de uma deusa, é preciso viver sua condição de mortal, que Aquiles experimenta por meio da morte do amigo. Ele recebe do deus Hefesto (Vulcano para os romanos) novas armas, maravilhosas, e mata Heitor, o herói troiano.

A *Ilíada* não é, portanto, somente uma história de violência e de morte, mas a história de um homem quase divino que realiza todas as possibilidades dos humanos, indo além de tudo aquilo que nós podemos viver. E, de fato, algo de extraordinário acontece no final. Aquiles, abatido, acaba de enterrar seu amigo Pátroclo num suntuoso e cruel funeral (ele manda degolar doze jovens troianos), mas mantém na sua tenda o corpo de seu inimigo, Heitor, que ele quer humilhar. Nesse luto completo, insuperável, ele enlouquece.

> Mas Aquiles
> chora ao lembrar do amigo. Vira-se e revira-se,
> sem que o vencesse o sono pandominador.
> Chora a força de Pátroclo, sua fúria altiva,
> o quanto haviam feito juntos, toda dor
> que padeceram na batalha e oceano adverso.
> Ao recordar, vertia lágrimas a rodo,
> ora de lado, ora de bruços ou de frente,
> se revirando. Desistiu, enfim. Ergueu-se,

indo e voltando inquieto pelo litoral.
Nem viu alvorecer no mar e sobre as dunas.
Então atrela ao carro seus corcéis velozes
e amarra Heitor atrás para arrastá-lo; três
voltas completas em torno ao túmulo de Pátroclo
para tornar à tenda, Heitor abandonado
em meio ao pó, de bruços.

(*Ilíada* XXIV, 3-18)

Aquiles, o guerreiro, está como morto. Quando consegue se erguer, é apenas para tornar a cair ao chão, em meio ao pó, e ficar inerte como um cadáver. Nesse luto infindo, ele vai além de tudo o que podemos viver. Vem, em seguida, um momento fabuloso, inesperado, de apaziguamento. O velho rei de Troia, Príamo, pai de Heitor, chega secretamente à noite ao campo dos gregos (foi conduzido até ali pelo deus da astúcia, Hermes ou Mercúrio) e pede a Aquiles que lhe devolva o corpo de seu filho. Aquiles fica estupefato ao ver que o velho entrou são e salvo no campo e agora ousa afrontar aquele que matou seu filho. Esta cena é soberba, como se estivesse fora do mundo e do tempo. A violência da guerra e a raiva são esquecidas. O velho Príamo e o jovem Aquiles se contemplam, se admiram. Príamo admira a beleza de Aquiles. Aquiles admira a grandeza de Príamo e lhe devolve o corpo de seu filho. A *Ilíada* termina com a cerimônia fúnebre do filho de Príamo, Heitor.

Por que estou aqui narrando para vocês esse poema repleto de mortes? Essas histórias veiculam a ideia de que podemos ir além dos puros fatos de violência: é preciso aceitá-los e contá-los para superá-los. A ira de Aquiles pode se transformar, vir a se tornar o reconhecimento de outro e se concluir por um momento em que os rituais fúnebres e os cantos corais dão uma forma completa e perfeita à história desses heróis. Por aí se produz um momento de beleza e algo de feliz. Eis o motivo pelo qual, quando Ulisses ouve um poeta cantar essas histórias, ele se emociona diante da beleza daquilo que ouve. Nós temos a prova de que esses poemas bastante complexos podem ir além de todos os sofrimentos que são o quinhão dos humanos, dia após dia. Uma passagem de Homero diz que os homens são como folhas de árvores que caem. Isso é tudo que somos. Outro poeta diz que somos "os sonhos de uma sombra", ou seja, não somos nada. Para um grego, não há salvação após a morte, não há ressurreição: seremos para todo o sempre uma sombra nos Infernos. Os poemas, ao contarem a morte e os sofrimentos, acabam por contar algo que se torna memorável e que se conclui em um estado de graça porque os homens são capazes de reconhecimento entre si. O heroísmo de Aquiles, tão cruel e duro, pode se tornar seu exato oposto, e o poema narra essa transformação. Mas para tanto, antes é preciso não ter medo de afrontar a violência com determinação, não para se comprazer, mas para compreender. Poucas narrativas contemporâneas conseguem fazer isso.

Ulisses é diferente. Sobreviveu à guerra de Troia e, com a construção do cavalo, garantiu a vitória para os gregos. A questão de Ulisses não é ser mais ou menos forte que Aquiles. Ele é diferente porque conseguiu vencer pela astúcia, não pela força. Mas agora é preciso retornar desse mundo de Troia, desse mundo admirável onde os homens podem cumprir suas proezas, um mundo de guerra, de sofrimentos, mas onde os homens são grandiosos como os deuses: dizemos sempre de um guerreiro que cumpre suas proezas que ele "se parece a um deus". Como fazer para deixar esse mundo? Nós — o público que escuta os poemas de Homero —, nós já não estamos nesse mundo, hoje definitivamente encerrado. Como vocês sabem, e como sabia o público de Homero, é improvável que um deus ou uma deusa engendre hoje um semideus. Esse mundo pertence por inteiro ao passado.

Os gregos tinham uma concepção diversa do tempo. Como querem as religiões monoteístas, judaica, cristã, muçulmana, nós achamos que o futuro nos reserva o bem, a beleza e a justiça. Agimos, então, em função de um bem que situamos no futuro. O modelo dessa concepção repousa sobre o julgamento final, momento em que Deus reconhecerá os seus. Se fizermos o bem, seremos salvos. Essa perspectiva é a perspectiva da salvação. Ela está vinculada à religião, mas ela também pode tomar distância da religião a partir do momento em que a ideia de salvação se torna aquela outra, mais comum e humana, do progresso. Para um grego, a salvação acontecera no passado, no momento da guerra de Troia, quando os homens se tornaram equivalentes aos deuses. Aquiles foi eleito, e mesmo Heitor, derrotado, foi eleito por Zeus para alcançar a glória. Este mundo é o mundo do passado, um mundo fechado, pois a era dos heróis está encerrada. Como voltar para a época normal, isto é, para o presente? Um grego antigo não possuía essa ideia de salvação futura, ele não pensava em termos de progresso ou de revolução por vir. Para ele, era preciso sobretudo conduzir bem a vida, evitar ser morto, capturado pelos inimigos ou escravizado, evitar um regime político tirânico que, à maneira da escravidão, nos priva da liberdade. Era preciso ser livre, mas isso era uma questão de prudência, de estratégia de vida. Os gregos não nutriam essa ideia de que o futuro seria melhor ou que os deuses houvessem prometido o que quer que fosse. A felicidade, a grandeza dos homens se situava no passado, numa época à qual jamais teremos acesso. Ulisses tinha, portanto, de retornar para casa, juntar-se ao mundo atual, àquele mundo do público que escutava suas histórias. A *Odisseia* é o inverso da *Ilíada*. O poema não mostra como os homens se tornaram parecidos com os deuses, matando ou morrendo com glória; o poema retorna à época atual. Pequeno parêntese: Homero nunca faz o elogio da morte, contrariamente ao que foi dito muitas vezes. Seus poemas não são fascistas. Ele jamais diria "Viva a morte!", como foi o caso dos falsos heróis da década de 1930. Para ele, é preciso submeter-se à morte, pois ela é uma realidade e nós não temos escolha. Mas é necessário amansá-la e, para tanto, é preciso viver bem e, antes de morrer, realizar feitos que os poetas possam cantar.

O Ulisses da *Odisseia* não tem esse problema. Ele já possui a glória e procura uma só coisa: sobreviver, voltar para casa, levar uma vida calma e normal.

A *Odisseia* é o poema de um retorno ao presente depois do heroísmo da *Ilíada*. Ela começa assim:

> O homem multiversátil, Musa, canta, as muitas
> errâncias, destruída Troia, pólis sacra,
> as muitas urbes que mirou e mentes de homens
> que escrutinou, as muitas dores amargadas
> no mar a fim de preservar o próprio alento
> e a volta aos sócios. Mas seu sobre-empenho não
> os preservou: pueris, a insensatez vitima-os,
> pois Hélio Hiperiônio lhes recusa o dia
> da volta, morto o gado seu que eles comeram.
> Filha de Zeus, começa o canto de algum ponto!
>
> (*Odisseia* I, 1-10)

Ulisses, grande rei sem riquezas, tem uma única vontade: reencontrar sua pequena ilha de Ítaca e viver junto a sua família, junto a seu rebanho. Assim como Aquiles, ele terá de viver uma separação radical. Perderá toda a sua frota e todos os seus guerreiros, voltará sozinho para casa. Seus companheiros foram tolos e morreram. Certo dia, chegam a uma ilha cheia de vacas e bois; estão famintos, mas estavam avisados de que não deveriam comê-los. Não porque tivessem de ser vegetarianos, mas porque os animais pertenciam ao deus Sol. Os homens estavam com tanta fome que aproveitaram um momento em que Ulisses estava adormecido para matar as vacas. Foi então que os pedaços de carne que eles se apressavam a comer começaram a gritar, a mugir, a correr. Os companheiros de Ulisses entenderam que iriam morrer e, de fato, acabam morrendo logo em seguida — exceto Ulisses, que não tinha comido nada. Carne é o que um grego pode comer de melhor, a melhor refeição possível. Os companheiros quiseram simplesmente ser homens, mas essas carnes eram tabu. Ulisses, que não comeu apesar da fome, foi o único que se salvou.

Como ele faz para sempre conseguir sobreviver? Recorrendo à prudência, como fez com as vacas do deus Sol, à fuga e, sobretudo, à astúcia. Ao longo das viagens que faz, Ulisses visita mundos — quase sempre ilhas — que não são nem a sociedade bem real de Troia, que foi preciso destruir, nem aquela da ilha de Ulisses em Ítaca, onde novamente será preciso combater com armas em punho. Essas sociedades imaginárias representam mundos irreais, ainda que possíveis, aquilo que as sociedades humanas poderiam ser, mundos que precisam ser abandonados porque neles não estamos em casa. Às vezes são hostis; outras vezes, pelo contrário, são quase perfeitos, muito belos e acolhedores. É assim que, num belo dia, como dizíamos, Ulisses chega à terra dos feácios, à ilha de Nausícaa, uma ilha que não existe, embora os gregos pensassem que se tratava de Corfu; mas essa ilha não existe em nenhum lugar, é completamente mítica. Nessa ilha há um palácio onde mora o rei Alcínoo, a quem Ulisses vai contar suas histórias. O palácio é grandioso, uma obra de arte. Vou ler para vocês a descrição do palácio, pois ele representa a perfeição técnica que os homens podem alcançar com a ajuda dos deuses. Ulisses está boquiaberto diante de tanta beleza:

> Entrou na casa de Erecteu, soberba.
> Odisseu chega ao paço. Umbral de bronze à frente,
> detém-se, o coração entregue a pensamentos,
> pois que no brilho do solar de altivos tetos
> havia um quê de resplendor lunissolar.
> Dois muros brônzeos se alongavam paralelos
> do limiar ao fundo com azul nos frisos;
> portas em ouro lacram o solar por dentro;
> do umbral em bronze sobe a prata dos batentes;
> dourada a maçaneta; arquitrave, argêntea;

> de um lado um cão prateado, cão dourado do outro,
> lavor de um inventor habílimo, Hefesto,
> forjado para a proteção do paço alcíneo:
> invelhecíveis criaturas imortais.
> Tronos frontais, as duas paredes escoravam,
> da entrada ao fundo, leves peplos, sutilíssimos,
> os drapeavam, obra feminina, onde
> hegêmones feácios sentam quando bebem
> e quando comem, o ano inteiro, sempre.
>
> (*Odisseia* VII, 81-99)

Os cães de guarda são robôs metálicos. Os moradores da ilha têm tudo de que precisam para viver. Essa ilha nos faz pensar na Califórnia de hoje: o reino da tecnologia mais avançada que podemos imaginar, onde tudo é fabricado, artificial. Na terra dos feácios, todas as plantas de todas as estações crescem ao mesmo tempo, e eles sabem construir barcos que, como os computadores de hoje em dia, navegam mais rápido que o pensamento — são guiados pela mente e não precisam de lemes. A Feácia é a ilha afortunada da tecnologia perfeita. Seus habitantes são excelentes em todas as técnicas possíveis e imagináveis (exceto a guerra, pois eles vivem em paz): o atletismo, a poesia, a tecelagem, a navegação, a arquitetura, a arte dos jardins, a mecânica. Lá, tudo acontece como se a festa durasse eternamente. Chega Ulisses, um desconhecido que os feácios recebem, vestem com majestosas roupas de ouro, para depois lhe perguntar de onde vem. Ulisses responde que naquele palácio ele se sente em estado de pura felicidade, que ali se escuta um grande poeta — ao passo que ele mesmo só tem desgraças para contar, que deixariam triste quem as ouvisse. E durante três cantos ele conta suas famosas histórias. No final, as pessoas da ilha não estão tomadas de prazer, e sim estupefatas: como pode um homem ter passado por todos aqueles lugares que eles não conhecem, enfrentar tantas provas e superá-las? Como vivem nessa espécie de Califórnia que pensa que a felicidade se dá pelas telas, pelos computadores, pelas técnicas, acabam por viver no imediatismo, não têm necessidade de conhecer de verdade o mundo.

Ulisses relata a eles suas aventuras infelizes na ilha do ciclope Polifemo, que é o contrário da Feácia, pois é uma ilha selvagem, cheia de brutos. Os ciclopes sabem fabricar queijo e bebem um vinho que não produzem — e que não é muito bom. Não sabem cultivar a terra, não criam animais e se alimentam de homens. Além disso, não têm leis e vivem separados uns dos outros em grutas isoladas em "píncaros de altíssimas montanhas"; como prova extra de sua deficiência, possuem somente um olho. Não têm os dois olhos equilibrados que nos permitem sermos sábios, prudentes e instruídos. Ulisses conta a Alcínoo que chegou à gruta do ciclope quando este já tinha começado a comer seus companheiros. Decide então adormecer o ciclope, fazendo-o beber um vinho delicioso que lhe tinham oferecido antes.

Vem então a famosa artimanha relativa ao nome falso que Ulisses se dá, "Ninguém":

> "Dá-me outra dose de bom grado e diz teu nome
> agora, que amarás a xênia do anfitrião.
> Videiras pensas pelas jeiras dos ciclopes
> produzem vinho ótimo, pois nelas chove
> Zeus, mas parece néctar e ambrosia este!"
> Falou e eu repeti a dose licorosa.
> Três vezes lhe servi, três vezes sorve o estúpido.
> Quando a bebida atinge o seu precórdio, disse-lhe
> palavras-mel: "Ciclope, queres conhecer
> meu renomado nome? Eu te direi e, em troca,
> receberei de ti o dom que cabe ao hóspede:
> Ninguém me denomino. Minha mãe, meu pai,
> sócios, não há quem não me chame de ninguém".
> Falei assim e, coração cruel, rebate:
> "Ninguém eu comerei por último, depois
> dos companheiros: tal é o dom que prometi".
> Tomba em decúbito dorsal depois que fala,
> curvando a nuca enorme: hipnos, o torpor
> pandominante, o colhe: vinho e resto humano
> vomita goela afora. Bêbado, arrotava.
> (*Odisseia* IX, 355-374)

Ulisses imediatamente aproveita para cegar o ciclope, que berra e chama seus amigos. Eles vêm correndo e lhe perguntam sobre seu ferimento. Homero se diverte com o nome que Ulisses dera a si mesmo ("ninguém" é *outis* em grego, palavra que lembra o pensamento estratégico de Ulisses, *mêtis*):

> "A que se deve o grito lancinante em plena
> noite, que a todos despertou, ó Polifemo?
> Ninguém sequestra a rês — espero. Ou me equivoco?
> Ninguém te fere, astuto ou forte — espero. Ou quem?"
> E do interior, o Polifemo respondeu:
> "Ninguém me fere com astúcia, não com força".
> Ao que eles proferiram palavras-alígeras:
> "Se, então, ninguém te agride e estás sozinho, não
> se evita facilmente a doença que nos manda
> Zeus. Roga ao deus do mar, teu pai, magno Posêidon!".
> (*Odisseia* IX, 403-412)

Os outros ciclopes pensam que Polifemo enlouqueceu e o deixam para lá. Diante dos feácios, do mundo perfeito e feliz da tecnologia, aparece o mundo ingênuo, sem técnica ou dotado de uma técnica rudimentar, desprovido de leis — e, portanto, um mundo sem solidariedade. O ciclope, que, aliás, se chama "Polifemo", isto é, "o homem falastrão" ou "o homem de quem se fala muito", não é, contudo, lá muito hábil no exercício da linguagem e das suas armadilhas.

As errâncias de Ulisses na *Odisseia* consistem em atravessar mundos utópicos, diferentes de uma sociedade normal, para depois chegar em casa, em Ítaca. Surge então um verdadeiro problema: o que Ulisses deve fazer para recuperar sua família, suas riquezas, seu tesouro, seu palácio, seus rebanhos? Em Ítaca, os jovens que não foram para a guerra de Troia, por terem nascido depois dela, querem a todo custo se casar com a esposa de Ulisses, Penélope, que, além de belíssima, é a chave para que o escolhido reine em Ítaca. Durante dez anos, eles a cortejam, repetindo que Ulisses morreu. Como lembramos, Penélope trabalha duro e em dobro, com astúcia: à noite, desfaz tudo que teceu durante o dia, pois havia prometido aos jovens pretendentes que, quando terminasse de tecer o pano em que estava trabalhando, ela escolheria um deles. O que deve fazer Ulisses quando retorna? Como reaver Penélope, seu palácio, seus bens? Desprovido de tudo, ele só sabe fazer uma coisa: lutar. Na hora de aparecer diante desses jovens, ele se veste de mendigo e encontra uma única solução: matá-los. Em casa, Ulisses repete o que fizera em Troia. Traz a guerra de fora para dentro de casa. Isso quer dizer que algo não está funcionando; ele não tem como voltar para casa se continuar a ser o herói grandioso que fora em Troia. É preciso encontrar outro meio que não a violência, se quiser viver em paz e por longos anos.

É aqui que as mulheres intervêm. Os gregos antigos não são lá muito feministas — é o mínimo que se pode dizer —, mas a paz em Ítaca será recobrada graças à astúcia de Penélope. Agora vou ler para vocês essa passagem.

Ulisses venceu: foi desmascarado, mas conseguiu matar todos os jovens pretendentes em um massacre horrível; mas ainda não é senão um homem habilidoso, que consegue obter tudo o que quer. Ainda não é um rei de volta a sua família. Dessa vez, é uma mulher que vai enganá-lo com palavras. No final, quando tudo parece resolvido, Penélope lhe diz que uma criada vai preparar sua cama. Ela ainda não tem certeza de que ele seja mesmo Ulisses, e por isso lhe impõe uma última prova. Ulisses havia vencido todas as provas anteriores, mas Penélope vence a última, em prol de uma bela reviravolta. Diante do marido, ela mantém suas distâncias, justificando-se:

> "Demônio
> de homem, não sou desprezadora, megaltiva,
> estou atônita; sei muito bem como eras
> quando embarcaste em nau de longo remo a Ílion.
> Pois bem: arruma, aia, o leito dele fora
> do quarto bem composto, que suas mãos construíram.
> Põe fora o leito sólido! Pelames, mantas
> colchas luzentes o recubram!" Disse assim,
> com a finalidade de provar o esposo.
> Odisseu, desgostoso, criticou Penélope:
> "Mulher, tua parlenda é ânimexcruciante.
> Quem removeu meu leito? Até a um ser habílimo,
> seria dura a faina, a menos que um dos deuses,
> advindo, decidisse transferi-lo a um sítio

diverso, fácil. Nem o efebo que exubere
faria sem penar a remoção. Há um signo
distintivo na perfeição do leito: o fiz.
Crescia no recinto uma oliveira folhis-
sutil, pungente, flórea. O tronco, uma coluna.
A seu redor construí o quarto, arrematado
com pedras geminadas. Hábil, recobri,
apus maciça porta com perfeito encaixe.
Podei a coma da oliveira folhitênue,
o tronco desbastei, acepilhei com bronze,
peritamente, usando fio de prumo. Obtendo
o pedestal do leito, o perfurei com trado,
base de onde erigi a cama, até concluí-la,
recamada em marfim, em ouro e prata. Tiras
de couro púrpura estiquei na parte interna.
Era esse o signo distintivo a revelar.
Ignoro se ele está em seu lugar, se alguém
cortou na base o tronco, o removendo algures".

(*Odisseia* XXIII, 174-204)

A cama não podia ser arrastada, por se tratar de um tronco de oliveira esculpido ali mesmo onde crescera. Se algum outro homem o cortou, é porque Penélope não fora fiel. A resposta irritada de Ulisses a convence:

Ao que ele disse, o coração concute, e os joelhos,
reconhecido o signo exato que desvela.

Aos prantos, ela vai a seu encontro, lança
os braços no marido, beija a testa e diz: [...]
(*Odisseia* XXIII, 205-208)

É a hora do reconhecimento. Ulisses, que ganha todas, deixa-se enganar no final. Ele julgava ter construído a coisa mais inamovível jamais imaginada, uma cama nupcial esculpida num tronco de oliveira, um trabalho de artesanato magnífico, e agora pensou que Penélope havia conseguido mudar a cama de lugar. É então que Penélope o reconhece. A astúcia de Ulisses, que esculpe sua cama numa oliveira, passa a ser a astúcia de Penélope. O modelo heroico, habilidoso e astuto que Ulisses representa agora encontra alguém superior a ele.

Essas surpresas, essas reviravoltas inesperadas respondem pelo sabor desses poemas. São longas viagens, repletas de experiências contraditórias e inéditas. Elas não enunciam diretamente, de maneira autoritária ou didática, o que o mundo é ou o que os deuses são. Elas partem de um isolamento, de uma solidão: Aquiles com raiva, sozinho, fora da sociedade. A partir desse isolamento, desse indivíduo apartado de qualquer ligação de solidariedade, o mundo inteiro deve se reconstituir e, assim, se tornar visível — ao passo que, em geral, nós o enxergamos tão pouco! Da mesma maneira, Ulisses, que era o melhor de todos depois de Aquiles, deve se separar dos gregos, de todos os seus companheiros, para voltar para casa e viver normalmente. Ele tem até que se separar das pessoas que o receberam pelo caminho. Deve deixar a bela Circe, a bela Calipso que queria fazer dele um ser imortal, deve abandonar tudo aquilo que não é humano, em nome da mera sobrevivência, da mera possibilidade de viver. Ulisses deve se desfazer de tudo para poder retornar. Mas voltar para casa não é suficiente. Ele se torna novamente guerreiro, e também isso não é suficiente. Sua mulher o põe à prova, dizendo-lhe que, se ele é mesmo Ulisses, deve conhecer o segredo daquela cama. O poema propõe uma reflexão muito profunda sobre aquilo que constitui a experiência de ser mortal. Homero não afirma certezas, mas produz uma experiência que mostra em quê a vida humana, em seus maiores excessos de glória, de violência, de desespero, pode interessar aos deuses. Estes últimos devem permitir que alguma espécie de vida mortal seja possível.

MONTREUIL, 11 DE MARÇO DE 2017

PERGUNTAS & RESPOSTAS

O senhor falou em nomes que têm significado. Mas esses nomes são símbolos, são títulos inventados depois ou os personagens se chamavam assim desde o começo?
Os personagens eram chamados assim para atribuir um sentido a suas vidas. Por exemplo, Pátroclo significa "a glória do pai". Ele está no mundo para ser tão forte quanto seu pai. O filho de Ulisses chama-se Telêmaco, "aquele que combate ao longe", ou seja, a mesma coisa que Ulisses faz. Aquiles, *Akhilleus*, significa provavelmente "aquele que é o infortúnio dos aqueus", dos gregos. No caso acusativo, *Zeus* se converte em *Dia*, palavra grega que designa a causa. Zeus é, portanto, a causa de tudo. Sob outra forma, Zeus se torna *Zêna*, quer dizer, a vida (*zên*). Todos os nomes significam alguma coisa. *Homêros* não se chamava assim no começo. Tinha um nome meio estranho, *Mélêsigènes*, porque teria nascido perto de um rio chamado Meles. Em grego, Meles evoca o canto poético, *mélos*. Ou foi isso ou, quem sabe, ele tenha nascido de uma mulher pela qual o rio estava apaixonado, pois na Grécia os rios podiam se apaixonar. A mulher chorava, querendo unir suas águas às

águas do rio, que então se apresentou na forma de um belo jovem. Eles decidem fazer um filho; o rio constrói uma espécie de quarto, erguendo uma onda enorme, e ali dentro eles poderão se unir. Mais tarde, Homero ficou cego, condição que às vezes se exprime pela palavra *homêros*. Mas *Homêros* também quer dizer "aquele que junta, que une". Ele passou a se chamar Homero quando se tornou poeta, quando foi adotado por um professor de gramática que lhe ensinou grego e poesia. Para um grego, receber um nome é receber um destino, passa-se a viver o sentido contido naquele nome. Já não é assim para nós.

Quando Ulisses teve a ideia do cavalo de Troia, foram os melhores gregos que subiram nele ou eram homens normais?
Foram os melhores. Não sabemos quantos eram, se uma dezena ou uma quinzena. A *Odisseia* conta que Helena, a grega levada para Troia, percebeu que havia gregos escondidos dentro do cavalo. Então ela andava ao redor, passava a mão nele e chamava pelo nome os guerreiros que estavam lá dentro, os heróis, imitando a voz de suas esposas, até a hora em que os gregos só pensavam em sair do cavalo. Ulisses alertou que aquilo era uma cilada à qual deviam resistir. Eles eram os melhores, pois o exército grego contava com milhares de homens e nem todos podiam entrar no cavalo.

Se Aquiles existiu de fato, o que aconteceu com o corpo dele?

Boa pergunta. Não sabemos, pois não sabemos onde fica o túmulo de Aquiles. Os antigos sabiam, ou pelo menos achavam que sabiam. Iam até o túmulo fazer homenagens ao herói e absorver um pouco da sua força. Mas nós não temos como localizá-lo de fato. Em um outro poema, que não é a *Ilíada*, Aquiles é morto pelo famoso Páris, o segundo marido de Helena: ele o atinge com uma flecha no calcanhar, o único lugar em que Aquiles era vulnerável. Para um grego, matar alguém com arco e flecha é menos corajoso que enfrentar o inimigo com uma espada em punho. Os gregos travam um combate gigantesco pelo corpo de Aquiles, a fim de reavê-lo. É o grande guerreiro Ájax que o recupera. Em seguida, o corpo é cremado — mas o próprio Aquiles se torna imortal. Como era filho de uma deusa, os deuses o transportam para uma ilha dita Branca ou para os Campos Elíseos, onde ele seguiu vivendo, por assim dizer. Lá, ele se casa com Medeia, a feiticeira que matou os próprios filhos, e suas histórias se juntam. Aquiles ainda vive com Medeia, mas nós não sabemos muito bem como isso acontece. Eu teria um pouco de medo, pois, em geral, Medeia não é lá muito afetuosa com seus maridos. Menelau também continua vivo, em um lugar fora do mundo comum. Ulisses está morto, mas não sabemos como. Ele volta para casa, mas um vidente, Tirésias, diz que ele deve partir imediatamente em uma nova viagem, com um remo sobre os ombros. E diz que ele deve ir até um lugar longe do mar, onde os habitantes, não sabendo o que é um remo, vão rir ao vê-lo: "sua viagem terá chegado ao fim, você poderá fincar o remo no chão e voltar para casa". Assim, ele poderá viver por um longo período em Ítaca. Depois, uma frase muito misteriosa (porque não sabemos bem como interpretá-la) anuncia sua morte e diz que ela chegará "vinda do mar". Ele será absorvido pelo mesmo mar que um dia ele foi capaz de dominar.

Que fim levou Helena depois da guerra?
Há várias versões. Ela volta para casa, apesar de ter traído seu marido, Menelau, que era muito bonito e que ela havia escolhido entre vários pretendentes. Menelau recupera sua mulher durante a tomada de Troia e anuncia a todos que irá matá-la. Ele a vê, Helena se mostra, se despe e, no final das contas, ele não a mata. Menelau decide levá-la com ele, mas não no mesmo barco. Alguém lhe pergunta o motivo, se é porque ela engordara ou algo assim. Ele a leva e isso deixa alguns gregos bastante descontentes. Orestes, filho do outro rei, Agamêmnon, quer acabar com ela por ter conduzido milhares de gregos à morte. Na hora em que ele vai matá-la para assim obter a glória imortal, os deuses a transformam em estrela. Assim, já não temos mais como atingi-la, ela se torna imortal no firmamento.

A *Odisseia* e a *Ilíada*, isso tudo aconteceu de verdade?
Ulisses com certeza não existiu como tal. Aquiles também não, muito embora tenham sido encontrados na civilização hitita, na parte asiática da Turquia, alguns textos, que datam de 130 a.C., nos quais um rei desse país se lamenta por ter sido maltratado por alguém parecido com Aquiles. Mas ele não deve ter existido. Os poemas, por sua vez, sim! Havia outros poemas contando a tomada de Troia, a morte de Aquiles e assim por diante. Um grande debate divide os helenistas. Uns dizem que, no início, os poemas eram histórias separadas e que, pouco a pouco, no século VI a.C., foram reunidas para constituir a *Ilíada* e a *Odisseia*. Outros acreditam que tudo saiu da cabeça de um homem chamado Homero. É o que os antigos, os gregos, pensavam. A isso se dá o nome de "questão homérica". É provável que Homero, como autor único dos dois poemas, não tenha existido. Acho que, por volta do século VIII a.C., um grupo de poetas da Ásia Menor reivindicou o nome de Homero, "o juntador" (que talvez fosse o nome de um poeta conhecido, real ou mítico, ou, quem sabe, o nome de um deles), e compôs a *Ilíada* e a *Odisseia*, que também não eram exatamente, literalmente os poemas que nós lemos hoje. Mas a ideia dos poemas já estava lá. Eles compuseram um poema sobre a cólera de Aquiles e outro sobre o retorno de Ulisses. Podiam ter contado a guerra de Troia por inteiro, isto é, em seus dez anos de duração, mas decidiram se ater apenas aos 52 dias correspondentes à

cólera de Aquiles e — partindo desse pequeno segmento decisivo no qual Aquiles mata Heitor, o protetor de Troia — apresentar dessa perspectiva toda a história de Troia, que é a história do gênero humano. Eles contam, inclusive, a morte de Aquiles, mas indiretamente, já que, em certo sentido, ele morre quando morre seu amigo Pátroclo. Essa decisão foi, sem dúvida, tomada desde o princípio. Esses poemas não são mitos, são composições artísticas, artefatos sabiamente organizados em torno de um acontecimento — a cólera de Aquiles, o retorno de Ulisses. Nos dois casos, a partir de um evento de separação — Aquiles que deixa de lutar na guerra e Ulisses que não volta junto com os outros gregos —, esses poetas reconstruíram, a sua maneira, o conjunto daquilo que se pode dizer sobre os deuses, os homens, a sociedade, os animais. A partir da cólera, entendida como crise, refaz-se o mundo. Penso que se trata de uma decisão poética. Eu diria que a *Ilíada* existiu desde sempre, não tal qual, mas como poema da cólera de Aquiles, da crise dos deuses e dos homens. O enquadramento do poema exclui, portanto, a tomada de Troia, que é anunciada, mas não narrada. Em seguida, foi se construindo um poema que pode ser mudado, acrescido de elementos, de personagens. Existem várias versões, variantes, não um texto único, fixo, ainda que as grandes linhas, essas sim, sejam fixas. A mesma coisa para a *Odisseia*. Os poemas existiram, mas Aquiles e Ulisses muito provavelmente não. Ao mesmo tempo, a guerra de

Troia realmente aconteceu, por volta de 1250 a.C. Com as escavações de Troia, hoje podemos ser muito mais precisos, conhecemos bem a cidade, sabemos que foi grande, e não uma mera cidadela; foi uma capital do Império Hitita que servia para proteger o Estreito de Dardanelos. E nós sabemos que, por volta de 1250 a.C., aconteceram ali um cerco e um incêndio.

Menelau realmente existiu?
Não sei. Seu pai, talvez. Um texto hitita nos fala de um tal Attarsiya — o Atreu dos gregos, quem sabe? E deve ter havido reis de carne e osso com o nome de Menelau, que significa "aquele cujo espírito é capaz de conduzir o povo". Agamêmnon quer dizer "aquele que é dotado de uma grande força física e de espírito". São nomes de reis. O primeiro nome grego do qual nós temos notícia histórica se encontra numa tabuleta hitita, na qual um rei desse império repreende um rei grego chamado Tawagarawas, o que em grego dá Étéwokléwès, Etéocles. Deve então ter havido na Grécia, em Micenas, um rei chamado Etéocles, sobre o qual nada sabemos. Outros reis levavam nomes que nós encontramos nos mitos.

Durante quanto tempo Ulisses ficou longe da sua ilha?
Isso é motivo de debate. Existem várias versões sobre a expedição dos gregos contra Troia, até porque os gregos começaram se enganando de cidade. Mal informados,

eles atacaram e tomaram uma cidade que não era Troia, era a cidade do rei Télefo. Seguiram adiante, e a guerra durou uma década. Para voltar para casa, Ulisses levou uma década. Portanto, ele se ausentou durante vinte anos. Mas quanto tempo durou a primeira expedição? E quanto tempo durou a viagem de Páris e de Helena até Troia? Alguns poetas gregos dizem que a viagem foi rápida; outros dizem que durou dez anos. Seja como for, Ulisses voltou bem mais velho. Não sabemos exatamente qual era seu aspecto. Ele navegou muito, foi atingido pelas águas, pelas ondas, estava deformado, havia moluscos sobre seu corpo. Mas bastou que chegasse a uma ilha onde avistou uma bela jovem, Nausícaa, para que ele, graças a Atena, voltasse a se tornar magnífico. Então não sabemos como era, como envelhecera. Quando Ulisses volta para Ítaca, Penélope não diz que ele parecia mais velho. Os gregos podiam mudar de corpo como os deuses bem quisessem, em função da situação, daquilo que tinham de fazer.

Se é verdade que Ulisses e Aquiles existiram, eles viveram na mesma época?
Sim, eles andavam juntos, ainda que não fossem muito amigos. Aquiles era mais jovem do que Ulisses, ainda era menino quando partiu para a guerra de Troia. Recebeu conselhos do pai de Pátroclo e do velho Fênix. Ulisses já era mais maduro, mas Aquiles morre antes dele. Ulisses, que desceu aos Infernos, que pôde penetrar no mundo dos

mortos, viu Aquiles morto. Isso é contado na *Odisseia*. Aquiles declara que teria preferido ser camponês. Eles fizeram a guerra juntos. O cantor da ilha dos feácios conta que um dia, em Troia, eles brigaram — mas não ficamos sabendo o motivo. Esse ponto é interessante, pois sugere que a *Ilíada* e a *Odisseia* são poemas que falam da mesma coisa, mas de formas diferentes. A *Ilíada* fala da guerra de Troia, mas se concentra em Aquiles — muito embora o vencedor final seja Ulisses, aquele que coloca em ação a estratégia definitiva. A *Ilíada*, na maioria das vezes, negligencia Ulisses para destacar a importância de Aquiles. Mas o fato é que, por meio da astúcia e da linguagem, Ulisses salva os gregos em vários momentos da *Ilíada*, mesmo sem realizar nenhuma proeza. Não é o modelo heroico com o qual *Ilíada* funciona, que se concentra na cólera de Aquiles. O Homero da *Ilíada* sabia de tudo aquilo que se dizia sobre Ulisses e fez uso disso para criar um contraste. Ele poderia ter contado uma *Ilíada* com um Ulisses central, como faz o poeta feácio ao cantar o cavalo de Troia. Os mitos eram extremamente flexíveis, existiam inúmeras versões. Alguns elementos eram estáveis, inevitáveis. Fora isso, os poetas tinham bastante liberdade. Assim, segundo a tradição, Troia deve cair, da mesma forma que Pátroclo, Heitor e Ulisses devem morrer. Essas histórias, esses mitos correspondiam a esquemas fundamentais, que se encontram em outras culturas, próximas, mas diferentes. Existe o equivalente da guerra de Troia nas epopeias sânscritas, na Índia, que seguem o mesmo esquema. Se vocês lerem a epopeia mesopotâmica de *Gilgámesh*, encontrarão sequências inteiras muito próximas da *Odisseia*. O início da epopeia de *Gilgámesh* quase corresponde ao começo da *Odisseia* de Homero. Os textos circulavam nesse pequeno espaço. Alguns elementos dos mitos eram obrigatórios, mas os poetas podiam imaginar todo o restante. Eram justamente solicitados a fazer isso. Quando as pessoas ouviam um poeta, elas não esperavam que lhes contassem mais uma vez a história bem conhecida de Aquiles; a partir de um mito familiar, queriam ouvir um poema que oferecesse um ponto de vista novo sobre aquilo que já conheciam. A força e o gênio daqueles que se fizeram chamar de Homero não foi contar a guerra de Troia do início ao fim como se podia fazer, mas contar o evento decisivo de toda a história humana, esta guerra, a partir da crise de um indivíduo que não é mais ele mesmo, que se aliena, a cólera de Aquiles. Aquiles sabe que deve morrer jovem e que deve cumprir proezas dignas de um guerreiro. Porém, o que acontece na *Ilíada*? Tendo sido desonrado por Agamêmnon, ele já não pode mais cumprir tais feitos. Ele se torna a negação de si mesmo, está destruído. Por que Aquiles foi desonrado? Já falamos sobre isso, foi porque ele teve de entregar sua prisioneira para Agamêmnon. E por que Agamêmnon, por sua vez, teve de dar sua prisioneira? Porque tinha que devolvê-la ao sacerdote de Apolo. Isso quer dizer que a *Ilíada* contém uma análise profunda da cidade grega, daquilo que dentro dela é sua norma fundamental: a justiça da partilha pública. Quando se obtém um butim, é necessário dividi-lo de maneira equilibrada, clara, racional e reconhecida por todos. Aqui se encontra o espaço público sobre o qual meu colega Jean-Pierre Vernant falou tão bem, uma cidade do cara a cara, onde as pessoas entram publicamente em acordo entre si. Os gregos dividiram as prisioneiras entre si. Aquiles critica Agamêmnon por ser aquele que sempre pega mais e combate menos, num tipo de luta de classe entre os produtores e os consumidores do butim. Mas ele aceita essa regra, pois ela garante a coerência da sociedade, representada no acampamento dos gregos em Troia. Por outro lado, ele não aceita ser despossuído da sua "parcela de honra", de sua prisioneira. A questão da *Ilíada* é a seguinte: uma das moças, Criseida, pertence a um sacerdote e, consequentemente, não podia fazer parte do butim. Não há maneira de dizer que essa moça cabe a Agamêmnon, por conta do *status* social do rei: ela pertence a um deus, isso sim. No modelo de divisão social da cidade, quando surge uma exceção, por exemplo, uma prisioneira que cabe ao sacerdote de Apolo e, consequentemente, a Apolo, o sistema todo desaba. Basta que os bens a serem divididos não sejam da mesma natureza, que não possam, portanto, ser trocados de forma equivalente, para que o sistema pare de funcionar. Briseida não é sagrada. Criseida, a filha do sacerdote, é sagrada, e por isso não pode entrar no sistema político de divisão por meio do qual a cidade se constrói e se legitima a cada partilha — obrigatoriamente desigual, uma vez que o rei pega mais do que os outros, mas que, apesar disso, ainda é uma divisão que se dá segundo normas reconhecidas. A *Ilíada* começa com uma cena política de divisão, uma cena pública que não funciona, pois uma das prisioneiras pertence a Apolo, o deus que realiza a vontade de Zeus, o deus dotado de flechas, por meio do qual a história atinge seu objetivo, o deus do evento decisivo. Se você tira da partilha alguém como Criseida, uma vez que ela é da ordem do religioso, do sagrado, todo o sistema social e político se perde e passa por uma crise. Aquiles se retira e o acampamento grego passa a não funcionar mais. É a partir de uma análise política, e até mesmo econômica, que a *Ilíada* descreve em que pé está a sociedade de seu tempo. O valor do ato de dividir dentro de um espaço público, onde as dignidades e os poderes são repartidos de maneira clara, representa aquilo que acontecia no século VIII a.C. Era a lei fundamental da cidade grega até os séculos V e IV a.C. A *Ilíada* problematiza essa cidade e faz o mesmo com a cidade dos deuses. Ela propõe uma análise extremamente precisa do mundo vivido pelos indivíduos e dos sistemas nos quais eles vivem. Como isso se passa num tempo remoto, nesse tempo dos heróis antigos, os gregos sabiam que jamais viveriam aquilo que Aquiles vivera. Eles estão separados de tudo isso, mas a crise produzida pela ira de Aquiles os obriga a se perguntarem em qual mundo social e afetivo eles vivem.

Homero é muito ligado a seu tempo. Não sabemos muito bem onde ele nasceu. Sete cidades gregas da Ásia Menor reivindicam seu nascimento. Na biografia que acabo de terminar, afirmo que ele nasceu em todo lugar, mas sobretudo na Turquia, próximo a Esmirna ou nas ilhas gregas em frente à Turquia. Esse mundo do século VIII a.C., que conhecemos cada vez mais graças à arqueologia, era composto de cidades claramente mais avançadas no plano político e cultural que as da Grécia continental. Essas cidades, como Esmirna, eram como Nova York é hoje, isto é, cidades cosmopolitas abertas para o mar e para o continente. Não é de se surpreender que a poesia homérica tenha se desenvolvido ali, pois ela supõe um intercâmbio entre culturas. A guerra de Troia opõe os gregos e a Ásia. Saber se os troianos são comparáveis aos gregos é objeto de um vasto debate hoje em dia. Muitos historiadores pensam assim. Mas se observarmos de perto, na *Ilíada*, como os troianos se casam, criam palácios e instituições, veremos que isso tudo não tem nada a ver com o mundo grego. Príamo, por exemplo, tem cinquenta filhos. Nenhum grego tem essa quantidade. Troia é um mundo de prosperidade, de fecundidade, uma cidade fundada sobre a natureza, a riqueza, os rebanhos, o ouro. Seu povo não é fundamentalmente guerreiro como os gregos o são. Páris vai capturar Helena porque Troia é a cidade do amor, a cidade da beleza. Quando os gregos chegam e montam acampamento, a cidade deles é, pelo contrário, uma sociedade artificial que se baseia em um contrato político: ela existe tão somente porque os gregos que cortejaram Helena tinham jurado apoiar o escolhido (no final das contas, Menelau), caso este tivesse problemas. Então eles ajudam Menelau a reaver sua mulher, pondo-se todos sob a autoridade de seu irmão, Agamêmnon. Para tanto, os gregos abandonaram suas famílias, seus templos. O acampamento grego, inclusive, não tem templos, somente altares para realizar rituais. Também não há palácios nem mulheres, exceto as prisioneiras. Não há crianças. Essa cidade está, portanto, construída somente de um ponto de vista político, pelo juramento dos gregos. Logo, dois modelos de cidade se opõem. De um lado, Troia, que é um modelo de cidade natural, de desenvolvimento, com um passado de muita riqueza e, do outro lado, a cidade artificial do acampamento aqueu, sustentada apenas pela força política de Agamêmnon. Se Aquiles desafia Agamêmnon, tudo desmorona. A *Ilíada* faz uma verdadeira análise política do mundo grego, que está se refazendo no século VIII a.C.

É difícil traduzir textos gregos?
Sim, a gente pode se enganar, não entender, não encontrar as palavras. Mas a tradução é, sobretudo, agradável, ela dá muito prazer. Para traduzir, é preciso compreender, e isso muitas vezes demanda longas discussões, mas nós ficamos felizes, pois o grego é extraordinário, e os textos são muito profundos. Traduzir Homero, Hesíodo, as tragédias, Sófocles, ou traduzir Platão é uma atividade fascinante.

A língua grega é muito rica, belíssima, e comporta muitas nuances. As palavras são mais numerosas que em francês — o grego conta, por exemplo, com pelo menos quatro palavras para designar o mar. É preciso tentar encontrar equivalentes, é preciso inventar. Quando traduzo a *Ilíada*, fico cansado com as cenas de massacre, mas não há o que fazer: como os gregos estavam todo o tempo em guerra, tinham que aprender a lidar com a violência — com o que significa receber um golpe de lança, por exemplo. Quando leio a *Ilíada* e a *Odisseia*, quase sempre me pergunto como eles fizeram para compor textos tão belos, finos e emocionantes. Vale a pena traduzi-los. Dispomos de instrumentos para nos ajudar, como dicionários ou banco de dados.

O senhor nos disse por que o segundo texto de Homero se chama *Odisseia*, mas não nos disse por que o primeiro se chama *Ilíada*.
Ah, sim, é um problema... A cidade de Troia possuía vários nomes: Troia ou Ílion, segundo o nome de um velho rei, Ilos. Alguns dizem — e eu concordo — que a *Ilíada* é a epopeia de Troia, do acontecimento central que se deu ali. É o poema de Ílion, e daí o título grego, *Ilias*. Outros acreditam que *Ilíada* sugere que o poema vem da região de Troia, onde morava Homero, mas não acho que seja o caso. A verdade é que a *Ilíada* não conta toda a história de Troia e, em especial, não conta a tomada da cidade,

limitando-se estritamente à ira de Aquiles. Os poetas que o compuseram pensaram que o melhor poema sobre Troia seria um poema sobre Aquiles. A vida curta de Aquiles e sua ira resumem toda a história da guerra e, por essa via, toda a história do gênero humano.

Por que Ulisses levou dez anos para voltar, se Ítaca ficava perto de Troia?
Para a época, Ítaca era relativamente distante, do outro lado da Grécia. Mas você tem razão, é uma boa pergunta. Houve um grego que levou um dia para voltar para a Grécia. Ele se chama Nestor. Em grego, "retorno" se diz *nostos*, e *Nestôr* significa "o especialista do retorno", "aquele que sabe voltar". Ele tem também o espírito agudo, pois, em grego, "espírito" ou "mente" se diz *noos*. Ele é dotado do espírito necessário para retornar. Então levou um único dia. Os gregos foram muito violentos quando tomaram Troia, cometeram verdadeiros crimes contra a humanidade, impiedades inéditas e inauditas. Eles nutrem, como mito de valor absoluto, algo que é de um horror absoluto. Seu pensamento é dialético e apaixonante, pouco complacente consigo mesmo. Como os gregos cometeram horrores, os deuses descontentes recusaram seus sacrifícios. Os gregos entenderam que o retorno seria difícil. Alguns disseram que era preciso esperar e fazer outros sacrifícios. Nestor, que não era nada idiota, decidiu partir no ato e atravessou o mar em apenas um dia. O retorno

dos outros gregos é catastrófico. Agamêmnon é morto pela mulher, que tinha arranjado um amante. Quase todos morreram em tempestades. Os deuses quiseram que Ulisses voltasse, mas levando dez anos, a mesma duração da guerra de Troia. Ele não voltou diretamente, teve de passar primeiro pelos mundos conhecidos, mapeados, para que, em seguida, uma tempestade o projetasse em um mundo desconhecido. Tentamos situar essas ilhas, achamos que o ciclope que atira pedras contra o navio de Ulisses talvez fosse o vulcão Etna. E é verdade que perto de Nápoles também há um monte Circe. Caribdis e Cila correspondem ao estreito de Messina e, em Cila, onde estive, uma corrente marítima ameaça nos levar embora. Esses lugares podiam até existir, mas são projetados em um universo imaginário. Era preciso que Ulisses passasse primeiro por esses mundos fabulosos, improváveis, cheios de imagens inesperadas, distantes da sociedade da qual faz parte. Por exemplo, o ciclope que devora os companheiros de viagem de Ulisses reaparece de certa forma em Ítaca, onde os pretendentes também devoram as riquezas de Ulisses. O mesmo vale para o canto das sereias — um canto maravilhoso que Ulisses quer ouvir; ele manda que o amarrem a um mastro para poder escutar esse canto —, que é um canto que mata. Se você põe os pés na ilha onde as Sereias cantam sua glória, você se torna um esqueleto, um monte de ossos. Nessa ilha cresce, inclusive, o asfódelo, a flor dos mortos. Por quê?

Se acreditamos na poesia, ou melhor, se acreditamos que somos aquilo que a poesia diz de nós, então morremos, pois a poesia fala de um mundo desaparecido. É preciso, pela técnica, dominar a relação com o passado, de tal maneira que ele não seja simplesmente fascinante, mas que possamos considerá-lo como um objeto ao mesmo tempo singular e diferente.

Quando as três deusas foram ver Páris, as outras duas deusas também lhe propuseram algo?
Hera, ou Juno, propôs a Páris que conquistasse a Grécia e tomasse as cidades, sobretudo Argos. Atena, a deusa da estratégia militar, das artes e ofícios, também lhe propôs conquistas, mas agora não estou me lembrando quais foram exatamente.

Ela propôs a Páris que se tornasse um grande estrategista militar.
Isso mesmo, obrigado! Afrodite, a deusa da beleza e do amor, lhe ofereceu Helena. Por que ele escolheu Helena? Porque Troia é essa cidade da arte, da riqueza, da prosperidade, da fecundidade, uma cidade que se pôs sob o signo de Afrodite. Durante a guerra, Hera está em cólera contra Zeus. Sendo a deusa do casamento, ela apoia os gregos, já que não suporta que a mulher de Menelau tenha ido embora com outro homem. Zeus, por sua vez, quer honrar Aquiles e deseja que, durante certo tempo,

os troianos vençam os gregos. Hera diz então que estaria pronta a perder suas cidades desde que Troia perca. Ela está disposta a perder tudo que prometera a Páris, tamanha a raiva que tem por Troia! Zeus sabe que as vitórias que ele concede aos troianos preparam o momento em que Aquiles vai perder Pátroclo e vai, em seguida, explodir em cólera para vingá-lo até o fim. Zeus faz uso de astúcia e Hera não entende o que está em jogo.

SOBRE A COLEÇÃO

Fábula: do verbo latino *fari*, "falar", como a sugerir que a fabulação é extensão natural da fala e, assim, tão elementar e diversa e escapadiça quanto esta; donde também falatório, rumor, diz-que-diz, mas também enredo, trama completa do que se tem para contar (*acta est fabula*, diziam mais uma vez os latinos, para pôr fim a uma encenação teatral); "narração inventada e composta de sucessos que nem são verdadeiros, nem verossímeis, mas com curiosa novidade admiráveis", define o padre Bluteau em seu *Vocabulário português e latino*; história para a infância, fora da medida da verdade, mas também história de deuses, heróis, gigantes, grei desmedida por definição; história sobre animais, para boi dormir, mas mesmo então todo cuidado é pouco, pois há sempre um lobo escondido (*lupus in fabula*) e, na verdade, "é de ti que trata a fábula", como adverte Horácio; patranha, prodígio, patrimônio; conto de intenção moral, mentira deslavada ou quem sabe apenas "mentira gentil do que me falta", suspira Mário de Andrade em "Louvação da tarde"; início, como quer Valéry ao dizer, em diapasão bíblico, que "no início era a fábula"; ou destino, como quer Cortázar ao insinuar, no *Jogo da amarelinha*, que "tudo é escritura, quer dizer, fábula"; fábula dos poetas, das crianças, dos antigos, mas também dos filósofos, como sabe o Descartes do *Discurso do método* ("uma fábula") ou o Descartes do retrato que lhe pinta J.B. Weenix em 1647, de perfil, segurando um calhamaço onde se entrelê um espantoso *Mundus est fabula*; ficção, não-ficção e assim infinitamente; prosa, poesia, pensamento.

PROJETO EDITORIAL Samuel Titan Jr. / PROJETO GRÁFICO Raul Loureiro

SOBRE O AUTOR

Nascido em 1949, o helenista francês Pierre Judet de La Combe fez seu doutorado em filologia na Universidade de Lille, onde defendeu uma tese sobre Ésquilo (1981) sob a direção de Jean Bollack. Pesquisador do Centre national pour la recherche scientifique (CNRS) e diretor de estudos na École des hautes études en sciences sociales (EHESS), em Paris, dedica-se à filologia grega e em especial aos poetas trágicos e a Homero. Entre seus livros, contam-se *L'Avenir des langues. Repenser les humanités* (2004, com Heinz Wismann), *Les Tragédies grecques sont-elles tragiques?* (2010), *L'Avenir des anciens. Oser lire les Grecs et les Latins* (2016) e *Homère* (2017), a ser publicado em breve na coleção Fábula. Como tradutor, verteu para o francês diversas peças de Ésquilo, Eurípides e Aristófanes; sua nova tradução da *Ilíada* foi recentemente publicada no volume *Tout Homère*, editado por Hélène Monsacré (2019).

SOBRE A TRADUTORA

Cecília Ciscato nasceu em São Paulo, em 1977. Graduada em Letras pela Universidade de São Paulo (2011), é também mestre em Língua Francesa pela Université Paris Descartes (2015). Traduziu o *Discurso do prêmio Nobel de literatura 2014*, de Patrick Modiano (Rio de Janeiro: Rocco, 2015) e, para a coleção Fábula, *O homem que plantava árvores*, de Jean Giono (2018, em colaboração com Samuel Titan Jr.), bem como as "pequenas conferências" *Que emoção! Que emoção?*, de Georges Didi-Huberman (2016), *Outras naturezas, outras culturas*, de Philippe Descola (2016), *Como se revoltar?*, de Patrick Boucheron (2018) e *O tempo que passa (?)* (2019), de Étienne Klein.

SOBRE ESTE LIVRO

Aquiles ou Ulisses?, São Paulo, Editora 34, 2023 TÍTULO ORIGINAL *Être Achille ou Ulysse?*, Paris, Bayard, 2017 © Pierre Judet de La Combe, 2017 EDIÇÃO ORIGINAL © Bayard, 2017 TRADUÇÃO © Cecília Ciscato PREPARAÇÃO Rafaela Biff Cera REVISÃO TÉCNICA Adriane da Silva Duarte REVISÃO Josias Andrade, Lia Fugita PROJETO GRÁFICO Raul Loureiro ESTA EDIÇÃO © Editora 34 Ltda., São Paulo; 1ª edição, 2023. A reprodução de qualquer folha deste livro é ilegal e configura apropriação indevida dos direitos intelectuais e patrimoniais do autor. A grafia foi atualizada segundo o Acordo Ortográfico da Língua Portuguesa de 1990, que entrou em vigor no Brasil em 2009.

CIP — Brasil. Catalogação-na-Fonte
(Sindicato Nacional dos Editores de Livros, RJ, Brasil)

Judet de La Combe, Pierre, 1949
Aquiles ou Ulisses? / Pierre Judet de La Combe;
tradução de Cecília Ciscato.
Editora 34, 2024 (1ª Edição).
72 p.(Coleção Fábula)

Tradução de: Être Achille ou Ulysse?

ISBN 978-65-5525-182-1

1. Ensaio francês. 2. Cultura grega clássica. 3. Homero (séc. XVIII a.C.). I. Ciscato, Cecília. II. Título. III. Série.

CDD-844

TIPOLOGIA Fakt PAPEL Pólen Natural 90 g/m^2
IMPRESSÃO Gráfica Edições Loyola, em março de 2024 TIRAGEM 3.000

Editora 34
Editora 34 Ltda. Rua Hungria, 592
Jardim Europa CEP 01455-000
São Paulo — SP Brasil
TEL/FAX (11) 3811-6777
www.editora34.com.br